W0222299

Pudeur de la lecture

Du même auteur

chez le même éditeur
Carré blanc, 2003

Aux Éditions de Minuit
Bureau des illettrés, roman, 1992
Le cours classique, roman, 1995
Alerte, roman, 1996
Moteur, roman, 1997
Monparnasse reçoit, théâtre, 1997
La concession Pilgrin, théâtre, 2000
Le drap, roman, 2003

Aux Éditions Gallimard
La table des singes, roman, 1989

YVES RAVEY

Pudeur de la lecture

Les Solitaires Intempestifs

Collection Essais
dirigée par Bruno Tackels

14, rue de la République - 25000 BESANÇON
Tél. : 33 [0]3 81 81 00 22 - Fax : 33 [0]3 81 83 32 15

www.solitairesintempestifs.com

ISBN 2-84681-066-4

à J.-M. R.

Un livre qu'on oublie n'est pas un mauvais livre, il mérite seulement d'être relu.

J'ai retrouvé l'autre jour un livre oublié. Le titre : *Le Livre de sable* ; l'auteur : Jorge Luis Borges. La troisième nouvelle de ce recueil publié en collection de poche, intitulée *Le Congrès*, contenait une page cornée, page 55, page de droite, partie inférieure. Le narrateur y évoque une discussion entre deux hommes dans une voiture découverte.

Sans cet acte de corner la page, les mots seraient aujourd'hui perdus.

Ainsi, je constate qu'une partie de mon être disparaît de ma conscience. Du seuil de mes lectures, j'aperçois une parcelle de moi qui dérive dans l'oubli. Et je lis, dans ce texte : « Les mots sont les symboles qui postulent une mémoire partagée. »

Cette partie qui me manque est la faille dans la carapace de la mémoire, une porosité sur mon épiderme. Je ne suis plus garant de mes souvenirs, ni de ma conscience, qui se construit au travers de ces souvenirs. Je sais que les mots sont des symboles, mais j'ai oublié leur référence ; rien ne me dit que les lignes suivantes – je cite –, me parleront : « La mémoire que je cherche à enjoliver n'est que mienne ; ceux qui partagèrent mes souvenirs sont morts. Les mystiques invoquent une rose, un baiser, un oiseau... Aucune de ces métaphores ne peut m'aider à évoquer cette longue nuit de jubilation qui nous mena jusqu'aux abords de l'aube... »

Je continue de m'interroger et je me dis : c'est le mot *métaphore* avant le mot *mémoire*, qui m'a posé problème. C'est pourquoi j'ai corné cette page. Mais je fais fausse route. Depuis longtemps, le mot *métaphore* s'est échappé de ma conscience, qui s'est éveillée à des choses plus simples. Depuis, ma conscience a rencontré la mort, et non son idée, elle a côtoyé la douleur, qui est autre chose qu'une métaphore, qu'une métaphore ne peut exprimer.

Dans ce cas, il y a cette idée de *mémoire* qui a retenu mon attention, et sans doute, cette idée engendre cette recherche d'autre chose que je ne connais pas, qui serait masquée, ou inconsciente. Et je me dis : l'impossibilité de se souvenir est le moyen de fuir le souvenir, pour ne pas le regarder.

J'observais, dans ce texte court, que l'auteur crée à partir d'un modèle étroit qu'on doit tenir d'abord dans le creux de sa main pour ne pas prendre le risque de le détruire. Ce qui évoque les esquisses du peintre ou le croquis du voyageur sur son carnet. Je me souviens des nombreux traits effectués par certains auteurs sur le bord des pages, des dessins de lieux, des évocations, de petite taille, non amoindries, mais concentrées, hésitantes d'atmosphères.

Un jour, j'appris que Nicolas Poussin construisait une maquette avant d'aborder la composition. Il créait les personnages en les façonnant dans de la cire puis il les disposait, étudiait à la bougie les lumières, les ombres, les mettait en scène. Ainsi, je tenais le monde de mon enfance quand je m'appliquais à la description de mon père, que je façonnais en pensée, passant du croquis sur un bord de page au texte court.

Description : le béret, la chemise à carreaux, le bleu de travail, les brodequins en cuir, à côté, la bouteille de vin et mon livre de chimie qu'il étudiait à temps perdu, le dictionnaire et le lexique français-allemand, allemand-français. Le trop-plein, c'était la bouteille de vin ; le trop de vide, mon livre de chimie. La transcription dans la langue de ma mère, seule langue acceptable, était le lexique français-allemand. Le dictionnaire était la norme morale.

J'ajoute un pull grenat, beige parfois, selon le souvenir, les paroles prononcées par mon père au moment du portrait, selon qu'il allait au travail, à la pêche, à un enterrement.

J'avais cette idée que n'existait pas de métaphore, seulement des objets. Je vivais enfant dans l'attente par le livre d'une vérité nouvelle, d'un mode nouveau dans les paroles de mon père qui évoquaient ce monde qui n'advient pas. Sa mort fut sans partage, elle me prépara à la concentration dans la lecture.

Aucune rature ne vint après sa disparition blesser le texte dans l'apprentissage par cœur des rythmes, rien ne se fit hors ces annotations au bord du poème de Ronsard – étudié dans le Lagarde & Michard, récité sur la tombe –, et la découverte d'un mode nouveau : l'épigraphe. L'inscription du nom de mon père sur une pierre tombale représenta la menace, pesante, de jours qui ne viendraient pas. La vérité de ces annotations au crayon de papier dans le livre de la classe de seconde ressemblait à l'acte de se dire bonsoir sans connaître ce que sera la nuit. Nous nous éloignions de la métaphore comme d'un amer.

Je l'ai compris un jour en lisant un miroir qui me brûlait. C'était dans le plein été, à la piscine municipale, après le décès de mon père. Je m'étendais sur la pelouse, au soleil, sans protection... Je suis resté des jours sans soin, assis sur une chaise, dormant sur le ventre à découvrir les effets de la brûlure sur le dos et les épaules. J'ai compris sous juillet, à l'ombre de la maison familiale, ceci : j'étais protégé par une enveloppe qui portait mon nom. Je parlais avec les fantômes dans le miroir, je demandais pourquoi. Mon père avait subi des séances de rayons, je voulais la réverbération du soleil sur ma peau, je désirais de toute force me trouver dans l'obligation d'appeler ma mère, j'attendais durant ces journées brûlantes qu'elle réponde à mon appel et me secoure, j'éprouvais ce plaisir de l'attente.

Mon existence fut ensuite de patienter en attendant que ma mère me délivre. La délivrance par ma mère de la brûlure interne du soleil fut la lecture. Elle représentait l'acte d'attendre qui me permettait de jouir du moment où je ne souffrirais plus, lequel moment ne viendrait jamais.

Ma mère me délivra pourtant en autorisant mon oncle, qui habitait la Styrie, à venir me prendre.

C'était dans la chambre, obscure la nuit, elle me parlait, elle disait : « Ta grand-mère va venir avec ton oncle. Pour te chercher. » J'étais heureux.

« Tu ne contempleras jamais le monde, si tu ne le regardes pas, me disait mon père, tu dois chaque matin observer les gens de ta rue comme si tu les voyais pour la première fois. »

Mort, il se tenait dès l'aube à l'orée du jardin que borde la route nationale, parmi les framboisiers, les plants de fraises, les rames de haricots...

Tu ne t'interroges plus dans le premier jardin que tu contemples, sur le sens des plantations. Chaque jour tu renouvelles ton chant jeté à la face du livre. Tu attends, tout le jour, que vienne le soir. Tu respireras avant de t'endormir dans la crainte que celui qui est dans la chambre à côté ne se meure lui-même. Tu attends qu'on te délivre de ce poids de ton corps, tu attends le soir comme tu attends la mort au soir de ta résurrection.

On se découvre dans le jardin, puis au milieu de la cour nue, puis au bord d'une route départementale. Le jardin était luxuriant, on y apercevait ma grand-mère sous son chapeau de paille les matins d'été... Le livre ne traverse pas la vie, la vie traverse le livre. D'où ces marques pratiquées sur le bord des pages. On ne fait pas l'expérience d'un livre en découvrant le reflet de sa propre expérience, c'est le livre qui vient à nous et nous traverse, qui se découvre dans notre expérience. C'est le souvenir de ce que nous fûmes qui est à l'origine du livre.

La mémoire est la lecture d'un fait qui a existé et qui s'est propagé à travers un labyrinthe que nous croyions un désert ; nous passions nos après-midi à nous ennuyer, à enregistrer l'ennui... C'est l'été. Quelque chose vous conduit à la chambre de vos parents. On croit avoir mal, on dénombre sur sa peau des traces de maladie, mais on n'établit rien. On pense qu'on a oublié quelque chose sur la tombe de son père. Je me disais, le roman ne naît pas de la mort, il y conduit.

Il n'est pas de monde puisé hors la mémoire, il n'est pas de monde sans héros, il n'y a rien dans le livre hors ce qui nous détruit, comme le temps nous détruit, et le temps compte avec la longueur du récit, qui dévide son fil et son intrigue. La littérature est une prison.

Dans certains cas, qui sont aussi des situations de lecture, l'émoi produit par le texte est si dense qu'il annule le texte lui-même. Il faut alors revenir sur les pages antérieures pour ne pas perdre le fil de l'histoire.

Je pense à mes propres écrits et à la punition que j'inflige à ma lectrice, à mon lecteur. Je revois ma lectrice, qui revient en arrière et tourne à l'envers les pages de mon manuscrit, pour relire et comprendre. Je comprends de mon côté que certaines choses obscures nécessitent un retour. C'est comme un voyage qu'on se fixe sur une carte routière, chaque embranchement compte vers la clarté. Trop de retours sont un signe qui concerne avant tout mes manuscrits. Et je plains ma lectrice.

Mais parfois c'est impossible de lire tant le texte parle à notre place ; on l'éprouve alors si intensément que cette évidence du texte confine à l'arrêt de toute signification. C'est trop fort, se dit-on. Pourtant, les lieux indiqués sont ceux que nous désirions, ils nous parlent d'une ville que nous avons visitée, ils disent l'émoi qui nous prend dans ses murs, et j'avais cette certitude : le moment du livre est l'unique moment.

Il y a aussi le problème inverse des livres oubliés dont on connaît encore le titre, qu'il arrive de consulter au hasard d'une promenade dans sa bibliothèque. On saisit le livre par le dos, en appuyant l'index sur la reliure, pour le faire sortir de la rangée, on l'ouvre. En le feuilletant, on regarde, on lit, on ne se souvient de rien. Ce texte ne vous a pas intéressé, en aucun cas vous ne vous interrogerez sur les annotations dans les marges : oublié, il reste présent, mais il n'est rien. Sa lecture est une expérience nulle. Elle a au mieux la qualité de sa propre vacuité. Il vous arrive pourtant d'en parler. Vous avez donc en tête non pas des citations précises, mais des thèmes traités, certaines images, l'effet produit par la lecture sur votre personne. Vous avez aussi en mémoire le lieu où vous l'avez lu, les conditions matérielles qui ont présidé à sa lecture.

Un jour en lisant, je regardais hors le livre, je disais : « Rien ne se passera plus ainsi. Un jour, on sera amené à partir, on doit se dire qu'on quittera de force ceux qui nous aiment. » C'était à l'Alpe d'Huez. Je regardais mon fils, qui lui-même lisait. J'ai pris le stylo sur la chaise posée à côté du divan, j'ai cherché un endroit sur le bord de la page pour fixer l'instant de la lecture et celui de mon fils conjugués. Ainsi, sur ce livre, premier tome de *L'Homme sans qualités*, j'ai cherché l'endroit idéal où fixer, comme on prend une photo, l'image de mon fils. J'ai trouvé la page de garde, ai dessiné son portrait en contre-jour, inscrit désormais dans le livre, non pas en accompagnement, mais intégré à celui-là. Faisant corps.

Ma mère ne me touchait jamais. Elle tendait un roman. Elle me donnait l'occasion de lire en m'autorisant à marcher dans la ville, d'une rue à l'autre, puis en direction de la bibliothèque paroissiale, une ancienne cure. Je cherchais dans les rayons qui ressemblaient à des décombres à cause du désordre, parmi les couches de poussière accumulée, des résidus de texte sous couverture rigide, des séries incomplètes, je cherchais de quoi oublier les rues de la ville, ma mère. Je me mettais en quête d'un endroit où enlever mes vêtements. Comme tu enlèves tes habits sous un saule au bord de la rivière en plein été avant de te mettre à l'eau. Je voulais exposer mon corps sans être vu. J'inventais la pudeur.

Je cherchais dans les romans des corps exposés, j'entendais des voix sauvages. Mon esprit se mettait à nu, j'étais perméable aux chants du texte. Je me déshabillais en pensée de la même manière que ma mère se changeait avant de partir au cimetière, dans un endroit abrité du regard des enfants. Je me logeais moi-même dans cet endroit caché qui était un livre.

Je cherchais chaque dimanche matin les cinq livres autorisés, dont une nouvelle parution, qu'une vieille femme enregistrait sur un cahier avec votre nom, votre numéro d'abonné. Elle vous infligeait une amende en cas de retard, ou vous pénalisait d'un livre en moins sur le prochain prêt, et se plaignait qu'il soit impossible, de nos jours, disait-elle, de conserver un livre en l'état plus de six mois, se plaignait aussi du peu de livres neufs et du problème que cela pose de contenter tout le monde, dont j'étais. À ceci près qu'elle faisait passer ses nièces en priorité, que chaque nouveauté vous arrivait cinq semaines après leur parution (elle avait quatre nièces, filles de médecin, qui passaient le plus clair de leur temps, à l'ombre du presbytère, derrière l'internat Saint-Joseph, à jouer et non à lire).

Un dimanche matin, j'ai sorti du rayon un livre dont l'intrigue se déroulait en Birmanie. Il me reste le nom du héros, Bigles, ou Bigle. J'ai en tête des histoires d'avion et la couverture vert foncé ornée de lettres dorées. J'ai aimé un à un les romans de cette série, rangés à hauteur d'enfant dans la bibliothèque, choisis en fonction du titre ou de la place occupée sur le rayon perpendiculaire à la fenêtre ornée de grilles en fer forgé, les pages jaunies, rêches, les quelques illustrations, mais plus encore, j'ai chéri l'endroit des nouveautés derrière la chaise de la bibliothécaire à la retraite, qui laissait place quelque dimanche à la libraire d'en face, jeune et belle, qui se maquillait parfois parmi les grains de poussière en suspens dans la lumière.

La bibliothèque était un lieu clos. On y parlait à voix basse. Dans les rayons du centre, les bandes dessinées, classées, selon un ordre indéterminé, puis les romans. La bibliothécaire disait, les *beaux* romans, en étudiant la quatrième page de couverture, comme pour se souvenir du récit, ou vérifier l'état de propreté. Vers midi, elle coiffait son chapeau noir et nous faisait signe de partir. Il est l'heure, disait-elle, et elle partait, les nouveautés sous le bras.

Ma mère et le livre, unis, vous condamnaient aux journées sans fin dans la chambre ou dans la cuisine, sur le canapé. Nous apprenions le corps décrit dans le texte, ce corps qu'il nous restait à imaginer pour en avoir moins peur. Je savais qu'il faudrait mentir, puis tricher quand viendrait le temps hors le livre : les sorties et le cinéma, les premiers films. Chaque fois la séance au Stella, rue des Juifs, fut l'entrée dans un lieu prohibé, où la tenancière vendait les images de la nudité. On ne savait rien de cet écran noir et blanc, on ne comprenait rien, on voyait des visages, on les écoutait...

On se taisait, le soir, sous le lustre blanc qui diffusait une lumière douce, radio en sourdine, calé contre le dossier du canapé ; mon père exigeant qu'on lise tout, disant que ce serait insensé de manquer un chapitre. « Trop important, disait-il, sinon, tu n'as pas de vue d'ensemble. Choisir un livre n'est pas une plaisanterie. Un livre se lit entièrement, l'histoire n'est pas complète s'il manque une page. » Nous mesurions la longueur des journées à celle des chapitres.

Il y a dans ma tête une voix qui me parle, me couvre d'un suaire et met en cause ma sincérité. C'est une voix féminine, qui désigne les choses. Elle porte une robe noire ; on n'aperçoit jamais son visage, on achète des livres pour l'identifier. Elle nous conduit chez le libraire pour nous égarer dans la compréhension de ce que nous sommes.

Il y a au moment de notre naissance cette voix qui nous détruit quand on la découvre en soulevant le voile. Cette voix se pose contre la désignation, elle est responsable des impropriétés et des définitions tronquées, elle s'érige contre les lexiques et les dictionnaires, elle refuse la logique, l'étymologie. Elle dresse entre vous et son image, que vous pourriez surprendre, des voiles de textes quand vous croyez l'avoir atteinte et refermez le livre, quand vous vous posez la question de ce que vous avez compris. Vous n'avez rien compris est la réponse. Le monde est devenu complexe, vous êtes devenu complexe, vous éprouvez le sentiment d'avoir manqué la solution, manqué de donner le sens qu'il fallait aux mots.

Ce qui est à l'extérieur du livre, c'est le livre. Le texte à l'intérieur n'est rien, c'est son approche qui compte, c'est comment je le tiens et ce que j'en fais.

Vous n'avez donc pas d'issue. La chambre. Les portes de l'armoire sont closes, vous ne connaissez pas la nudité, vous ne connaissez pas le corps de votre mère, vous apercevez dans la pénombre un voile blanc, une chemise de nuit, qui va et vient sur le carrelage du couloir, une âme qui s'enfuit de votre corps là où vont les âmes qui n'ont jamais trouvé de toit, dans les cimetières qui sont les librairies des morts, vous ouvrez les tombes une à une, vous ouvrez les livres sur les rayons des vivants qui sont les rayons de la bibliothèque, vous en faites votre miel lexical.

Dans ma nuit sans étoile, les livres m'ont apporté des moitiés de solutions, ils m'ont indiqué les sentiments à mon égard des philosophes distants de deux siècles. Leur discours m'était plus important, plus chaud que la voix de ma mère, et si j'ai tant tardé à découvrir certains livres, c'est d'avoir manqué de discernement dans ma fuite en avant.

J'ai compris un jour cependant qu'on écrivait dans n'importe quelle position et sur n'importe quoi. Je l'ai appris en récrivant d'une couleur différente sur les notes de cours de ma sœur, étudiante en littérature allemande, ces notes que je transformais en palimpseste, avant de découvrir qu'on pouvait écrire sur le dos des cartes à jouer, c'était dit dans l'introduction aux *Rêveries du promeneur solitaire*. Ce livre était écrit d'abord sur des cartes à jouer. Ce qui vous rapproche de l'auteur : un homme capable d'utiliser des cartes à jouer pour écrire.

On devrait se défier des lectures des philosophes. Certains savent la portée du sens et vous condamnent au bûcher pour avoir contemplé ce monde en cendres. La lecture est un champ de solitude, un champ de la mort. La grande lectrice c'est la mort. Comme le roman naît de l'amour que vous éprouvez pour votre mère et vous conduit vers la mort. Il s'agit dans cet automne de franchir le seuil du monde des lumières, c'est comme si vous risquiez d'exposer votre esprit à la brûlure du soleil.

J'étais sauvé de ces inquiétudes par mon oncle Paul qui m'emmenait en Peugeot 202 dans la campagne, dont il connaissait les routes par cœur, disait-il, à cause de la résistance contre les Allemands pendant la guerre. Le plus souvent, on s'arrêtait le long du canal devant une usine hydroélectrique entourée de pièces mécaniques rouillées et de piles de bois. Il me laissait devant la façade en pierre de taille, parmi les orties. « Attends-moi cinq secondes, me disait-il, je vais voir le père Abraham. » Il partait en direction de la maison avec son litre d'eau-de-vie de mirabelle, une bouteille de limonade à fermeture de faïence et de caoutchouc, enveloppée dans un papier journal, qu'il tirait de sous le siège avant de la 202. Il portait un costume marron rayé blanc, des sandales sur des chaussettes crème, des belles lunettes ; son crâne luisait. Il entrait chez le père Abraham avec sa bouteille, parlait à voix haute après m'avoir abandonné devant l'écluse, au-dessus des vannes, à la contemplation du courant puissant de la rivière, qui faisait une boucle à cet endroit. Il me recommandait de ne pas me pencher au-dessus des rambardes métalliques qui couraient le long du mur de l'usine aux immenses châssis vitrés, qui laissaient voir les turbines.

Un jour, à la pêche avec mon père, j'aperçus de l'autre côté de la rive l'écluse du père Abraham et le père Abraham ; je m'étonnai que mon père n'en dise rien, qu'il continue de pêcher et ne fasse pas signe à cet homme que je reconnus comme l'ami de mon oncle. Je crus apercevoir, mais je l'inventais, la voiture de mon oncle, je me sentais bercé par les essieux de la 202, dans le siège couvert de satin rouge. Je regardais les deux phares fixés derrière la calandre de la voiture, dont le prestige retombait sur mon oncle. Je l'imaginais en costume devant la portière ouverte, qui me faisait signe.

Un jour, il n'est plus venu. Il y eut ce matin de novembre où quelqu'un parmi les parents parla de la mort de l'oncle Paul. C'était la fin du voyage vers l'usine hydroélectrique, de ces journées face au courant, de la rivière au débit augmenté par la fonte des neiges. N'existait plus ni d'avant ni d'après, comme la rivière qui venait du haut et descendait, durant ce temps où elle semblait stationner dans l'écluse, plus de bouteille de limonade enveloppée dans du journal, plus d'oncle Paul derrière les rideaux de cuisine du père Abraham, seulement des journées sans fard, sans mère, sans rien dans le ciel, plus d'histoire, plus de guerre, plus de résistance, plus de livre.

Je savais la beauté de mon oncle. Je partais m'enfermer dans la chambre, dans le noir après la veillée de la foire de Toussaint, quand toute la parenté était partie. Les oncles et tantes parlaient à voix haute, s'exclamaient, à travers les pièces de cette maison déserte le plus souvent, avec pour ennemie ma mère qui allait d'une pièce à une autre, comme se déplaçant sur un jeu d'échec, où je passais, d'une case à la suivante, pour lire ce qu'elle m'ordonnait de lire.

Je restais dans la chambre noire. Elle allait cueillir des branches de saule le long du ruisseau, qui cinglaient dans l'air. J'entendais mon père qui me parlait.

De l'arrière-cuisine, devant le rayonnage où ma mère rangeait ses chaussures, je regardais le chausse-pied en corne détaché de son clou. Ma mère, deux fois par semaine, enfilait un modèle foncé à talons moyens, agitait la bouteille d'eau de Cologne. J'entendais l'émulsion derrière les carreaux en verre dépoli de la salle de bains. Elle sortait ensuite et prenait la direction de l'hôpital rural Sainte-Croix. « Elle a du mal à marcher », me disait-elle de cette femme en manteau gris.

Cette femme qui venait auparavant voir ma mère, me regardait, sur ma chaise au milieu de la cuisine, les chaussures sur le barreau, le livre ouvert. Elle se tenait assise dans son manteau gris qu'elle n'enlevait jamais, elle inspectait mes faits et gestes. Elle était l'écho de ma mère.

Je suis allé la voir parfois, avec ma mère, à la maison de retraite, pour fuir aussitôt, attendre la fin de la visite dans le jardin de l'hôpital, parmi les vignes, en compagnie des vieillards qui travaillaient aux récoltes pour payer leur pension. Un jour où j'ai refusé de l'accompagner à l'étage et suis resté dans le jardin, j'ai demandé à ma mère à son retour, pourquoi elle s'attardait si longtemps dans la chambre d'Eulalie...

... Qui ne vint plus à la maison et que je revis une dernière fois dans son fauteuil, entourée de châles, de boîtes de médicaments. J'ai vu alors son regard d'oiseau de proie éteint.

Après la dernière visite à Eulalie, qui portait des blouses violettes et un parapluie grenat quand elle venait à la maison, s'asseyait devant la fenêtre de la cuisine et me donnait à voir à contre-jour ses cheveux ordonnés en chignon – qui parlait en frappant de son parapluie sur le carrelage, la canne tenue des deux mains –, une nuit donc, comme je lisais à une heure avancée sous le halo de la lampe de chevet au cordon électrique noué en tresse, j'ai entendu frapper, puis cogner à coups répétés contre la porte métallique de la véranda, suis sorti des jungles tropicales de mon roman, ai perçu le pas de ma mère, qui m'a alors, comme je sortais la tête par la porte entrebâillée, ordonné de me recoucher, ai vu passer l'ombre d'un homme, dont on me dit quelques minutes plus tard qu'il était mon cousin, mais il avait l'âge d'être mon oncle.

Il était au milieu de la cuisine, assis devant un verre de vin blanc, à une heure du matin. Il m'avait apporté des quarante-cinq tours dans leur pochette en plastique transparent, ou dans des carrés de papier évidés en leur centre, sans image, qu'il utilisait pour les juke-box, mon oncle étant depuis peu représentant de la marque Jupiter, dont l'usine aux toitures à redents pointait sa cheminée de briques à quelques pas de la maison.

Il est allé dans le coffre de sa Citroën parquée devant la cour – il disait qu'il avait grâce à elle franchi des kilomètres dans la nuit pour venir nous dire un petit bonjour, qu'il dormait à l'hôtel à la sortie de la ville, un quatre étoiles. Il portait un costume gris sur une chemise blanche. Ses cheveux étaient passés à la brillantine. Il a extrait du coffre un carton de microsillons en me disant qu'il était désolé pour les pochettes, mais que c'était des quarante-cinq tours pour boîtes à musique, les propriétaires de bars n'achètent pas la pochette parce qu'ils n'en ont pas besoin, c'est le disque qui compte.

Puis il a sorti du coffre une plaque de verre peint en m'expliquant que c'était la façade du juke-box. Cette plaque, qui représentait la Baie des Anges portait le sigle Jupiter incrusté, une étoile à cinq branches, dont une qui traversait le ciel au-dessus de Nice.

Plus tard, il a demandé à ma mère si elle n'aurait pas quelque chose à manger, la route a été longue et il ne savait pas si, à l'hôtel, on lui permettrait de prendre un en-cas, tu sais comme ils sont dans les hôtels ; ma mère lui a répondu qu'elle ne savait pas comment ils étaient dans les hôtels puisqu'elle n'y allait jamais, mais qu'elle pouvait lui préparer un café, je te comprends a répondu mon oncle, qui est parti comme il était venu, se fondant dans la nuit, la voiture roulant au pas, ma mère se demandant à haute voix s'il allait trouver le chemin de l'hôtel.

J'ai appris plus tard que mon cousin fut arrêté à son arrivée à la réception, où l'attendaient les gendarmes. Il s'était fait passer pour académicien dans les hôtels le long de la vallée du Rhône où il avait laissé une ardoise. Il fut jugé pour grivèlerie. Mon père a dit, il sait tout juste lire et écrire et il se fait passer pour académicien.

J'entreposais ma collection de livres dans un tiroir de la commode de la salle à manger. Un jour, à mon lever, je découvris le tiroir vide. J'aperçus, montant du jardin, à hauteur des feuilles des petits-pois, qui n'étaient plus en fleur, la colonne de fumée et les brindilles, puis les morceaux de papier, qui tourbillonnaient et retombaient en pluie de cendres. Les premiers livres confisqués furent les bandes dessinées, sous-catégorie mise à l'index, qui ruinaient mes chances de réussite scolaire : *Blek le Roc*, *Akim*, *Kit Carson*, *Hondo*, *Tarzan*, *Les Pieds Nickelés*, *Mandrake*... Ma mère, se tenait debout, la fourche à la main, le visage rendu flou par la fumée qui s'échappait du brasier.

Un matin, avant la visite à la bibliothèque, je me suis rendu derrière l'église dans une salle en contrebas de la rue, à côté de la cure, en face du négociant en vins et spiritueux qui avait garé sa camionnette Johnnie Walker dont le fils, qui m'accompagnait à la bibliothèque disait : « C'est la camionnette Johnnie Walker de mon père. » La responsable du catéchisme m'a accueilli en disant aux enfants qu'elle était très heureuse de recevoir enfin un grand garçon comme moi. Elle savait que j'enfreignais la règle, que mon père m'interdisait le catéchisme, et que ma mère m'y obligeait.

Aujourd'hui, je pourrais tracer une carte géographique de la ville, avec l'église d'un côté, la camionnette Johnnie Walker, la bibliothèque, l'atelier de mon père, l'abbaye, la cure, la première maison familiale, grosse bâtisse bleue, la seconde, jaune et austère, dans les faubourgs. Il me faudrait ajouter une page pour dessiner le plan des faubourgs, ses parcelles rectangulaires, les maisons et les jardins, en désignant chaque terrain du nom de son propriétaire.

Ma mère, qui me conseillait dans mes tracés de carte, me disait qu'elle était excellente en géographie quand elle était jeune. Elle disait : « J'adorais cette matière à l'école, je n'étais pas toujours la première, mais je passais mon temps, avec ma camarade, à consulter l'atlas de l'école, j'ai toujours aimé cette discipline, encore aujourd'hui, je ne suis jamais lasse d'apprendre... »

J'étendais mon territoire de la rue où nous habitions, aux autres parties du faubourg, en consultant le plan de la ville dans le calendrier des postes, en dessinant de nouvelles rues.

Je plaçais l'hôpital rural dans un trapèze bleu, avec des rectangles contigus qui représentaient les jardins et les dépendances, dont les vignes sur les hauteurs ; je dessinais les bancs des pensionnaires alignés d'avril à octobre. Je passais des jours devant la maison du directeur de l'hôpital dont je contemplais la voiture, une grosse berline noire, devant son garage. Cet homme un peu bossu s'appelait Jacob, il vivait avec sa femme et ses deux enfants. M. Jacob parlait à peu de gens, il transportait avec lui, me disait ma mère, des histoires. Elle me disait : « Regarde, il habite dans une belle maison, compare sa vie confortable avec celle des pensionnaires, qui louent une toute petite chambre, et encore, s'ils ont la chance de pouvoir payer. Regarde comme il est bien installé, et sa femme qui ne fait rien, ses enfants qui vont à l'école privée. » Elle disait : « L'hôpital est situé dans l'ombre et lui, il vit au soleil. » Ensuite : « Ne va jamais à l'hôpital, même quand tu seras vieux, ils te prennent ton argent, ils te dépouillent, exigent de toi que tu signes certains papiers, ensuite ils te confisquent tes biens, ils se servent sur ton compte en banque, ils disent que c'est pour constituer une réserve, pour ton confort, au cas où tu ne pourrais plus payer un jour. »

Je contemplais la voiture noire, une 403, intérieur gris, qui luisait devant les pommiers de l'hôpital, ses formes arrondies. M. Jacob avait le dos voûté, il était grand, il revêtait été comme hiver un manteau noir, son visage était osseux, il portait de grosses lunettes, ses cheveux étaient épars sur son front, il me donnait l'impression de réfléchir beaucoup quand il me gratifiait d'une tape amicale sur l'épaule. Ma mère refermait le livre, puis la porte de ma chambre, puis la sienne propre.

Je refermais le second tome. Le premier, c'était la maison de ma naissance, à l'ombre d'une abbaye en ruine dont une façade donnait sur l'atelier de mon père.

Le second tome fut la maison au bord de la route nationale, avec un jardin grillagé, ce livre qui se terminait par de mauvais résultats scolaires et la fréquentation de mon cousin, qui avait purgé sa peine.

Je corne la page en bas ou en haut pour signifier que j'ai aimé ou retenu certain passage ; le bas de page concerne la moitié inférieure du corps du texte – le haut, la moitié supérieure. J'ai corné la page et non annoté telle ou telle ligne parce que je n'avais pas de stylo ou parce que j'ai jugé inutile à ce moment-là d'écrire sur la page.

Les différents signes d'annotation correspondent à des codes divers, personnels : une courbe horizontale incurvée est le signe qu'on a ri, et le signe « psi » ou « phi », écrit dans l'alphabet grec sont des signes conventionnels qui empruntent aux catégories du savoir. Ils sont précieux en ce qu'ils évoquent toujours un ordre de pensée acquis au fil des lectures, et d'autant plus utiles qu'ils sont des renvois équivalents à ceux des dictionnaires, qui vous permettent de passer d'une catégorie à une autre ou vous rappellent les différentes interprétations objectives dans le lexique.

Les annotations « qui », et le « tps » de temps sont un guide pour déambuler, qui permet de repérer à quel endroit se déroule l'action, quand elle se déroule, qui est concerné.

Le « psi » de psychologie et le « lx » de lieu, annotations indépendantes, indiquent quand ils se font face, que quelque chose d'étrange se joue entre l'esprit et le lieu.

Le signe représentant un cœur indique qu'on aime beaucoup, qu'on aime tout court, de même pour les points d'exclamation qui obéissent au code de la bande dessinée, sauf que c'est de notre enthousiasme qu'il s'agit, non du texte.

La flèche oblique à double sens, doublée d'un point d'interrogation qui indique la complexité, la stupeur, signale une question sur les liens entre les blocs de texte, lors par exemple du passage d'un paragraphe à un autre. Elle pose le problème de leur connexion, et par là, de leur compréhension.

K, c'est Kafka
Bck, Beckett
Hdg, Heidegger
Frd, Freud
Msl, Musil
Bg, Borges

Je note que je ne mets pas de point, ce ne sont pas des abréviations.

J'ai dessiné un jour un schéma, un H majuscule sans le jambage de droite, bas (une chaise à l'envers), et un personnage, simple ovale assis sur cette chaise à l'envers, la tête en bas. C'était *Au plafond*, d'Éric Chevillard. J'essayais de me représenter ce que ça faisait d'être assis à l'envers. Le plafond, je l'ai représenté par un trait horizontal au dessus du H. Dans chaise, il y a H.

Souvent je regardais après les avoir lues, les pages entières annotées, les mots soulignés, les renvois effectués par des flèches, au tracé plus ou moins ferme selon la certitude de la pensée, ou les hésitations. Je désignais la mort par la croix chrétienne, l'homme par le symbole de la flèche, la femme par un cercle surmonté d'une croix. Un autre jour il m'a fallu désigner le passage retenu, qui concernait Moïse, par un symbole. J'ai dessiné sur le bord, comme sur une frontière, l'étoile de David, deux triangles équilatéraux inversés.

Dans les sommes littéraires, aux pages imprimées en petits caractères et sans paragraphe, quelques lignes soulignées sont comme une portée. Ces pages deviennent plus musicales et donnent l'image d'une partition. L'œil du lecteur, en s'y concentrant, finit par observer ces blancs entre les mots qui forment un trajet, sinueux, organisé par le vide, complément du texte imprimé, qui n'a dans le fond aucun sens.

Un jour, sur une autre page, j'ai retenu la ligne médiane. J'ai cherché comment marquer ce passage, en cornant le bas ou le haut, le compte ayant été établi du nombre impair de lignes. J'ai donc plié les deux extrémités extérieures de la page, espérant me souvenir d'un centre exact. De même, j'avais l'impression que la page, dont je pliais le bord, donnait sur un précipice.

L'utilisation du porte-mine permet d'annoter en position couchée, le stylo à bille ne fonctionnant pas dans cette position. On ne l'utilise pas dans le but de gommer ce qui aura été écrit, ni pour que le livre reste intact.

Un autre jour, j'ai retrouvé un livre annoté, écriture serrée, produite avec un porte-mine et non un crayon ; j'ai reconnu les mots d'un roman, jetés plus qu'écrits en périphérie du texte, les lignes s'établissant sur le bord supérieur, puis changeant d'orientation pour suivre la marge droite. On lit le texte en tournant le livre, le bas de la page étant annoté à l'envers. Je ne sais si j'ai conservé cet ouvrage et fait une corne aux deux bords pour me rappeler le texte écrit ou le texte imprimé, ni pour quoi au départ j'ai acheté ce roman où je découvre, au milieu du texte, cette simple phrase que j'ai soulignée, au crayon, toujours : « Je te le donne, non pour que tu te rappelles le temps, mais pour que tu puisses l'oublier parfois... »

Je pense à ces morts-vivants, qui m'accompagnent, à ce que j'ai souligné dans le livre cité ci-dessus, chapitre deux, voici la suite : « ... Pour éviter que tu ne t'essouffles en essayant de le conquérir. »

Parfois se glisse sur les notes de bas de page l'expression « bibl., cf. », qui indique une référence de lecture, un titre.

Plus tard, vous stationnez devant le rayon du libraire, vous lisez quelques lignes au hasard dans le livre référencé, le titre vous semblait important, puisque vous l'avez souligné, le thème aussi, mais il est impossible d'acheter ce livre parce que quelque chose vous gêne... Le risque de choisir un mauvais livre est le même dans la bibliothèque de votre enfance et dans la librairie. Le dimanche matin après le petit déjeuner, nous partions en ville, au pied de l'église et nous allions rapporter les livres. Aujourd'hui, nous pénétrons dans la librairie avec cette sensation que les choses risquent de mal tourner. Il se pourrait qu'on ne trouve rien, même pas les livres commandés et mis en réserve depuis six mois, que la libraire vous place dans les mains, à côté de la caisse enregistreuse, au détour de la conversation, en guise de rappel. C'est difficile de répondre qu'on préfère ne pas les prendre, que la réservation correspondait à une envie passagère. Pas plus qu'on ne dit qu'on l'a acheté ailleurs.

Cela vous met dans une position délicate vis-à-vis de la libraire, à qui vous demandez pour donner le change, si à tout hasard elle n'aurait rien à vous conseiller, avant de consulter discrètement le prix sous le code-barres, du nouveau livre qu'elle vous propose.

Tout à coup tu fermes le livre, tu le poses sur la table de nuit et tu ne t'endors pas. Quelqu'un que tu ne connais pas t'a dit dans un coin de ta tête que tu avais manqué quelque chose.

Un livre qui n'est pas à toi, que tu n'as pas payé au prix fort, n'est pas un livre pour toi. Le livre pour toi, tu l'as choisi, tu as mis du temps à l'obtenir, tu l'as lu, annoté, tu en as parlé, tu as passé des heures avec lui sur la pelouse de la piscine municipale de ton enfance en plein soleil. Tu as lu le soleil sur ta peau brûlée, tu as compris que tu avais un nom, que tu devrais payer pour cette raison qu'il te fallait conserver ce nom. Jamais personne ne te remplacera, jamais tu n'échapperas à ce qui te constitue, hors la mort ; tu as donc appris la proximité de la mort, tu as appris l'attente, tu as parlé avec la mort, tu as conversé au sein de ta mémoire, tu as cherché dans tes souvenirs, tu as trouvé le miroir et le soleil. Tu as lu l'écriture du soleil sur ta peau, tu as découvert la photo-graphie.

J'avais un plan de lecture dans la tête, qui n'était pas celui de la table des matières. Je me disais, nous déflorons le livre à vouloir juger de son contenu avant la lecture. Il fallait s'y précipiter, comme on se jette à l'eau.

Un autre jour, le sentiment que procure la lecture est si fort.

On se lève. On lisait couché. Et on écrit. Le rythme de l'écriture est le rythme de lecture. Il est des heures, très rares, où ces deux rythmes se superposent. Le désir d'écrire est plus fort pourtant. Nous savons que lire est l'autre face de la même réalité, que ces deux actions de penser se confondent dans la tête de celui qui lit ou qui écrit. À force de se confondre, elles s'annulent.

Ici, maintenant, c'est une double corne supérieure droite : je lis un essai. Auteur de langue allemande.

Je ne parle pas d'une lecture rapide d'extrait de texte, comme ça debout, une main dans la poche, devant la bibliothèque, le livre choisi au hasard (on a entrevu le livre souhaité, même pas souhaité, il est là), fruit d'une rencontre fortuite, on le prend, on ne sait pas pourquoi c'est celui-ci qui est choisi, mais on y va...

Je corne en haut à droite à cause d'une phrase qui contient une parenthèse. C'est la seconde lecture, ou la troisième, voire la quatrième lecture complète du texte. Je constate, couché sur le lit, que le livre est déjà corné, dans l'autre sens, sur l'autre page, la page 41.

Je lis, relis, re-relis la page 40, et je regarde la page suivante, cornée, qui concerne ce voyage que fit le narrateur à Sankt Veit, pour une visite à sa mère hospitalisée. Un voyage à pied.

C'est en raison de la familiarité avec ce lieu, Sankt Veit, que j'ai corné cette page ; il y est question d'hôpital, lié à ce voyage à pied. J'imagine la rivière, peu profonde qui roule ses galets, les plages de l'été où j'allais avec ma tante, et j'aperçois le trajet de l'auteur, qui parle de sa mère dans leur maison qu'ils construisirent après la guerre.

Ensuite, l'auteur parle de ses travaux d'étudiant pour gagner sa vie, c'est cela également que j'ai voulu souligner pour ne pas l'oublier.

Non souligné, ce passage m'aurait laissé à la relecture dans une vague impression de déjà vu assez désagréable : on ne parvient pas à localiser où cela a été lu, comment, pourquoi, dans quelles conditions.

C'est cela le livre, ça vous abandonne à des souvenirs inclassables, ça vous met dans des états fiévreux. Annotés, ces souvenirs sont les balises d'une piste d'atterrissage qui guident votre être inconscient, lui donnent moyen de se poser, pour qu'en connaissance de cause, vous puissiez, si la conscience affleure, établir des pensées claires.

C'est le règne de la confusion dans tous ces livres qui s'entremêlent, se parlent d'un côté de la rivière à l'autre, et l'écriture dans ce cas naît de ce qu'on ne doit pas se laisser dépasser par la lecture des autres. Le fleuve des mots vous emporte, et avec vous la mémoire des mots qui ne sont plus, qui représentent des choses qui ne sont plus.

L'auteur parle dans cet essai des travaux des champs, de la présence après-guerre dans la ferme familiale de la première moissonneuse-batteuse, dont il aborde la description du mécanisme.

Je revois la trappe dans le plafond de l'atelier de mon père, une pièce profonde, dallée de ciment, avec au sud une verrière, de grandes fenêtres sales montées sur châssis métallique, qui diffusaient peu de lumière, et dans le fond, la forge, avec son soufflet géant, les braises qui volaient, et cette trappe à côté de la forge qui donnait dans le grenier. Là-haut, un moteur entraînait un arbre principal et plusieurs roues reliées aux machines du rez-de-chaussée (un tour, une fraiseuse, une meule, un étau-limeur) par des courroies de cuir passées autour des poulies. Ces courroies étaient à l'arrêt et pendouillaient selon que la machine était ou non débrayée. Une fois tendues, après qu'on les avait fait tourner sur elles-mêmes, elles formaient comme un ruban de Möbius.

Le bureau – encore des verrières – donnait sur notre jardin au pied de l'ancienne abbaye où mon frère allait courir à dix mètres du sol, sur l'entablement de la façade intérieure, une ancienne nef. Le glissement des courroies de cuir s'entendait dans ce bureau où trônait la machine à écrire Japy, devant une étagère sur quoi s'empilaient quelques feuilles de papier carbone violet surchargé de caractères, devant ma mère qui tapait les factures et les devis. Ma mère écrivait à la machine, tapait à la machine et cela produisait son écriture, des termes techniques issus des nomenclatures de la ferronnerie d'art. Dehors elle voyait le gel en hiver, les traces des oiseaux sur la neige, le brouillard, le soleil, et le hangar avec des barres de métal, des tuyaux, des enclumes, des cornières, des cisailles, spectacle inspiré par la serrurerie. Le moteur dans le grenier tournait à folle allure.

Quand une agrafe de courroie venait à lâcher, on entendait un claquement. Mon père se pressait vers l'échelle du grenier, il débrayait une machine en se servant d'un levier et d'une poignée que j'aurais volontiers crue une poignée de frein de motocyclette, et la machine en bas se taisait. L'ouvrier arrêtait sa meule, disait, ça va repartir, insultait la courroie, cherchait une nouvelle agrafe et dans ce cas, mon père laissait tourner le moteur tandis que l'ouvrier remplaçait l'agrafe.

Je lis étendu sur le lit. Dehors, c'est la neige, les montagnes du Tyrol sur la route du Brenner. Elle me demande d'enlever en la découpant l'étiquette qui la gêne dans le col de son pull. Je prélève l'étiquette de l'habit pour le ski et je la pose sur la table de nuit en prévision de la fin de la lecture. Glissée au milieu du livre entre les pages, l'étiquette deviendra un signet.

Parmi les autres signets, les tickets d'entrée au musée, rectangles de carton souple. L'image du tableau vous revient. Avec celui-là, le livre lu dans la chambre d'hôtel la veille de la visite au musée. Un tout se remet en place. Vous reprenez le cours interrompu de la lecture. Les images du souvenir sont des impromptus, elles tissent de nouveaux liens. Il n'y a pas d'exemple de lien nouveau, sinon ce billet.

Le livre est l'image du tableau. Il contient le billet d'entrée dans le rêve, il est lui-même un rêve, l'étui du souvenir. Son principe : garder la forme de l'objet conservé. Sinon, ce serait une boîte, et le livre n'est pas une boîte.

Les marque-pages, vous pouvez dire, ça se trouve partout ces petits rectangles de papier. Tenez, par exemple, un ticket de caisse. Quand on veut lire, on achète le livre, puis on se sert du justificatif de vente comme signet, c'est comme ça qu'on s'endort, en lisant... Vous étiez en Chine avant de dormir, ou vous étiez ailleurs, maintenant vous dormez...

J'ai mérité cette image du livre avec mon fils dedans qui ne peut plus respirer. J'ai mérité le départ de mon fils. J'ai mérité l'anorexie du livre, une voix qui disait :

« Tu seras devant la bibliothèque et tu dévoreras quantité de livres dont tu ne retiendras rien. Puis tu iras dans une librairie et devant les livres tu vomiras les connaissances », et j'ai vomi les connaissances. J'ai été incapable d'acheter un livre, j'ai séjourné chez le libraire avec dégoût, et j'ai pensé que j'avais payé.

La voix m'a dit :

« Ton calvaire ne fait que commencer. Si tu ne peux plus lire, tu ne peux plus écrire non plus. Dans la librairie la prochaine fois, tu auras peur des livres que tu n'as pas écrits. »

J'ai demandé à la libraire ses nouveautés. Je dis je veux un tel, un tel, mais j'aborde les premières lignes du livre et j'ai envie de le jeter. Enfin, j'abandonne sur le comptoir la pile de romans. Je suis pris dans l'anorexie du livre.

La voix a dit, encore :

« Tu seras privé de livre, tu écriras dans le vide des journées vides, tu seras le lecteur du trop-plein, de l'insuffisance des signes, tu seras sevré de mots, les graphies te feront peur, nulle part dans le livre tu ne trouveras de consolation, ni de repli, nul article ne retiendra ton attention, tu n'auras plus envie d'étudier, tu retourneras au lieu de ta naissance, devant ta mère qui te dira, je t'ai enfanté par erreur, il n'y a plus de livre pour toi, celui de ton état civil est un registre avec une page arrachée au jour et à l'heure de ton apparition, tu n'apparais plus dans l'indicateur des noms. »

Je suis dans le jardin devant un tas de livres, je les mets en carton, j'ai l'intention de les emmener, je ne supporte plus ma bibliothèque. Il y avait ici tant d'ouvrages. Mon bonheur fut dans cette pièce la minute attendue où je m'assieds, me disais-je, pour lire. En règle générale, j'ai besoin de lumière, mais le soleil est contre la lecture ; donc on ferme les persiennes, comme dans une chambre noire. Alors le texte révèle son mystère, il éblouit.

Je porte les cartons chez ma mère, je les range dans le coffre de ma voiture. Rien n'est plus lourd que les livres.

Désormais les cartons sont contre le mur à joints apparents dans le garage de ma mère, face aux machines de mon père. Ils s'empilent, s'affaissent, se surchargent. Ma mère parle des rouleaux de rotatives. Mon père travaillait dans une imprimerie industrielle, on y fabriquait des pages d'encyclopédies. Elle parle des négatifs rouges, jaunes, noirs, rouges, des encyclopédies aux textes inversés sur les cylindres, elle dit que j'accumule les livres. Elle dit, on ne fera rien de tout cela.

Anorexie du livre – symptôme : celle que tu aimes te quitte. Un jour. Sans prévenir. Tu perds la parole. Chez le boucher, tu n'es pas capable de dire ce que tu veux, tu es devant lui et il attend, tu te comportes comme ta mère quand elle se tait au lieu de demander un morceau de viande. Ainsi chez le libraire : muet, tu réapprends le langage de ta mère qui est le silence. Tu ne sais plus parler. Tu vomis.

Je ne suis pas parvenu à écrire sur l'anorexie du livre. J'ai observé les symptômes mais pas les causes.

Par contre, j'ai appris à lutter. En différant l'achat. En évitant la commande : « Le livre n'est pas disponible, mais je peux vous le commander », me dit la libraire qui tape envoi sur son ordinateur.

Différer n'est pas payer. Commander si. Le jour de l'achat, on paye en différé un désir vieux de deux semaines.

Le livre désiré est comme un livre oublié, il est l'anorexie du livre. Son titre vous poursuit pendant des mois, voire des années, sans que vous ne l'achetiez.

Différé, il court le risque d'être épuisé le jour de l'achat, cela est vrai. Il arrive cependant, une fois sur mille, de le redécouvrir : dans une librairie, rayon inférieur, derrière d'autres ouvrages. Vous prenez le livre, le feuilletez, vérifiez la table des matières. Vous observez certaines illustrations, contrôlez la date d'impression en cas de réédition, ce qui ouvre alors la perspective d'un nouveau sursis. Phase essentielle de lutte contre l'anorexie du livre : vous le remettez dans le rayon en prenant garde de le cacher derrière d'autres livres.

Dans une certaine mesure il est déjà à vous.

Vous pouvez revenir, vérifier sa présence, discret, l'acheter enfin après plusieurs visites... quand ça vous chante.

D'où l'importance de ne pas dépendre d'une seule librairie, mais d'en fréquenter plusieurs. La pression d'une seule libraire est trop forte.

Hier, j'ai enfin, après cinq visites, pris le livre sur le sentiment des images au XVIIe siècle dans la collection désirée, et je me suis rendu aux caisses. Sur le trajet – à peinc dix mètres –, m'est venu à l'esprit un autre titre dont j'ai différé l'achat aussi. Cet ouvrage, que je consultais à heures régulières dans une autre librairie, n'était pas ici. Je ne pouvais donc pas comparer les deux titres, les soupeser, un dans chaque main, pour choisir.

Je n'ai pas ralenti le pas. Je suis arrivé devant la caisse où une jeune fille présentait sa carte bancaire ; la caissière lui a répondu : « Je suis désolée, notre système informatique est en panne depuis ce matin, on n'accepte pas les cartes. »

J'avais deux cent cinquante euros dans ma poche arrière droite, mais je ne règle mes livres qu'avec la carte avec paiement différé, ce qui est aussi une manière de surseoir au paiement. La carte bancaire est moins cruelle. Je suis retourné remettre le livre à sa place, derrière sa muraille protectrice.

Je suis toujours en mesure de trouver le livre. Le savoir à sa place par mes soins, et non par la libraire, fait qu'il m'appartient, il n'encombre pas ma pile de livres sur la commode dans mon bureau.

L'anorexie du livre c'est un texte qu'on a payé et qui vous piège. Lutter contre l'anorexie, c'est savoir ce livre à portée et l'acquérir quand on le désire. De cela je déduis : le livre qui vous fait du mal est le livre oublié.

Une loi : le livre oublié vous poursuivra toute votre vie de son oubli.

Ma commode est recouverte de livres lus et aimés, qui forment un embouteillage de livres. Les idées n'y circulent plus. Elles ne sont pas classées, elles obéissent à l'ordre de déposition et sont constituées en strates, jolies appréciations chronologiques de ce qui se dit et de ce qui se pense dans ma tête et dans mon bureau, qui ne représentent aucun ordre sinon celui du désir sans cesse refoulé d'acheter un livre pour le jeter, le mettre à l'ombre des livres aimés.

Difficile de se séparer d'un livre.

L'idée, c'est que l'anorexie du livre est produite par le désordre accumulé, mais on se demande si tant d'idées qui se multiplient ne produisent pas cette prolixité, à quoi on ne résiste qu'en la rejetant. Ainsi, je vomis les livres désirés.

Lire, c'est des points lumineux qui signalent où, quand, avec qui. Vous regardez une image, vous lisez. Vous regardez un chardonneret, vous lisez. Les images vous rattachent au monde.

Dans ce livre sur la peinture hollandaise, ce fut une mère et son enfant dans une pièce dallée blanc et noir.

Tu t'introduis dans l'image pour fuir la réalité et l'image te repose, elle t'accepte comme tu es, et tu dis, je suis heureux de méditer devant ce tableau, mais c'est le tableau qui pense. Le livre a besoin de toi et le tableau besoin du livre qui t'enseigne certaines choses que celui-là cache ; ainsi ce chardonneret qui est un trompe-l'œil ; on l'installait au seuil des maisons pour dire, ici, c'est habité par les oiseaux. Tu penses aux paysages de neige près d'Haarlem, tu ne songes à rien, à l'horizon qui s'étend au-delà des dunes, tu regardes, page suivante, *L'Astronome* de Vermeer.

Autre page : je contemple un paysage de Jacob Ruisdael, *Champ de blé*. En regard : une nature morte de Willem Claesz Heda : *La Tourte au cassis.* Je ferme les yeux. Je reconstitue mentalement les objets disposés. Je range le livre.

Un mois plus tard, prenant un ouvrage sur son rayon : *Peinture des Pays-Bas*, je trouve à la page Fa, Fabritius, non cornée, *Le Chardonneret*, que je suis venu chercher il y a un certain temps, avec l'illustration du passereau qui garde la maison.

Fabritius peint à Delft un joueur de luth, un soldat endormi. Il peint comme Vermeer. Il jette sur la toile une vue de Delft, des autoportraits, il ne peint pas les églises des anciennes Provinces-Unies, il ne peint plus Lazare ressuscité, plus la décollation du Baptiste, il ne peint pas Guillaume de Nassau, il peint le chardonneret. Seules restent de lui des toiles de format modeste, à l'étroit dans leur champ urbain, comme Vermeer, qui peint et répète le même décor dans une scène identique à la précédente.

J'ai alors eu cette idée qu'il m'était impossible d'écrire deux fois la même chose, qu'une scène décrite dans un livre ne pouvait l'être dans le suivant ou dans tout autre livre. Nous décrivons toujours la même scène pourtant. Nous faisons toujours, et sans raison, un rêve semblable au rêve antérieur, sans cesse nous courons vers des songes qui se ressemblent. Mes nuits sont pleines de ces mélancolies assises sur le visage des dormeurs. Tous les jours, je voudrais décrire ce chardonneret, son masque rouge.

Dans le froid de Delft, au bord des canaux, je vois Carel Fabritius, qui recueille le chardonneret sous les vitraux de Vermeer, devant la fenêtre où la Femme lit une lettre, devant la pièce du *Géographe* qui est la pièce de *L'Astronome*.

Endormi dans la nuit de la peinture, Fabritius peint des natures mortes, des choses établies par le sommeil. L'enfant qui dort dans le ventre de sa mère est une nature morte, nature immobile, *still leven*, vie immobile, ou chose morte, ou chose inanimée, ou sans âme ; l'enfant entend la musique et remue son corps dans le liquide. Il est absent de ce tableau hollandais anonyme du XVIIe siècle : *Famille protestante qui pleure un fils mort*, dans lequel personne ne pleure ; on ne pleure pas, on se tient debout, on regarde le portraitiste, les choses immobiles qui composent la nature morte. Les objets qui constituent cette vie inanimée des natures mortes sont les objets du monde fini mais inachevé, ils sont les limites d'un territoire connu observé par le cartographe de Vermeer, ils sont la représentation du monde de la limite. Ces objets disposés dans un espace construit donnent l'apparence des choses arrêtées, ils sont l'incomplétude, ils sont contre la mesure infinie du monde, ils ne sont pas pour Dieu, ils ne représentent rien d'autre que la vie morte.

Je vais à l'école, les enfants courent après mon fils, ils lui disent nous allons te torturer, il court, ils le rattrapent, je dis aux enfants, je ne veux pas que vous fassiez du mal à mon fils, ils me disent, nous voulons lui faire les petits Indiens. Mon fils ne veut pas me suivre, je lui dis, tu viens, il me répond, non je reste à l'étude, je dis, non, pas à l'étude, il dit si... Je vois ses grands yeux, finalement, il est d'accord, il met son sac à dos, il prend sa parka, je le précède dans la cour de l'école. Ensuite, sous les marronniers, remontant l'avenue, je lui demande pourquoi les enfants lui courent après, il me répond, c'est parce que je suis le capitaine.

Je remonte la rue sous les marronniers. Ensemble, dans les rues de Delft, en hiver, nous observons les vitraux, les couleurs, le couchant qui s'éteint, parmi les pierres des églises et des Mises au tombeau, nous regardons la famille pleurant le fils mort, d'un anonyme du XVIIe. Nous regardons le chardonneret.

Je veux savoir quelles furent les dernières lignes lues par mon père sur son lit de mort. À quel moment. Où. À quel endroit du lit avant la fin, et dans quelle position.

Je ne suppose aucun texte. Mes manuels d'écolier, peut-être, mais à la fin il n'y avait plus de livre autour de lui. Les boîtes métalliques les avaient remplacés. Le livre, c'est la morphine. Ses doses, ses seringues, ses aiguilles stérilisées à l'eau bouillante. Le coton. L'éther.

Il ne gémissait plus. On n'entendait plus dans la nuit le cri de son corps. Il passait du monde de la nuit au monde des oiseaux. C'était en juillet. La chambre était froide. Plein nord. Il ne se débattait plus. Il se tenait recroquevillé sur le drap, ma mère le pansait. Il était un enfant qui n'avait plus de chair, plus rien sur lui que la mémoire des mots.

J'ai découvert le sens des livres devant son cadavre. Il me parlait encore par les mots que je lisais et relisais pour retrouver mon père. On ne meurt pas sans la littérature. La littérature, c'est quand on va mourir et qu'on écrit sa vie. On va au tombeau avec les mots. On y va couché, mais parlant. Les mots parlés sont des mots écrits, ils s'impriment et deviennent des livres. Les livres de la mort sont les livres de la mémoire, c'est la vie qui devient sans vie, qui ne respire plus, c'est les dernières paroles.

J'ai demandé à mon père pourquoi il m'avait abandonné en lui disant mon père pourquoi me laisses-tu seul ? Personne ne répondait sinon des étrangers à l'intérieur des romans, qui parlaient à des ombres dans cet état nommé littérature. L'état littéraire, c'est ton cerveau et ton cœur qui mesurent ce qui t'éloigne de la mort de ton père. La littérature, ce n'est pas une somme, c'est une fleur, un trait de plume sur une fleur, c'est la maladie, c'est le souvenir, une mise au tombeau. C'est dans le ciel des points lumineux qui remplissent ta bibliothèque.

Il y avait ce silence dans sa chambre, des armoires pleines de linge inutile désormais, des habits d'enfant, des chemises. Les murs étaient nus ; pas de fleurs. On m'a donné l'autorisation d'écrire sur ces murs des lignes sans fin. Je ne sais qui m'a permis de remplir ce vide. Mes livres sont les murs vides de la chambre de mon père.

Dans le livre de lecture du cours élémentaire première année, était l'histoire d'un homme qui racontait son voyage dans la capitale avec des souliers gris.

Les photographies sont noir et blanc dans les albums de mes parents, les visages y sont blancs, plus réels. Peut-être plus intimes. Le noir et blanc vous rapproche de la réalité mieux que la couleur. Il limite l'écart entre l'image et ce que fut la réalité. En limitant cet écart, il gagne en proximité. Pour cette raison, nous aimons le noir et blanc.

Les êtres chers sur les photographies sont des rêves qui ont fui. Nous savons, nous ne les reverrons jamais. Ils ont l'épaisseur d'un papier brillant. Celui qui inventa la photographie découvrit les fantômes. Les êtres chers qui sont morts hantent nos rues. Avant la photographie, on ne les voyait pas, on ne savait pas non plus qu'ils existaient. Le personnage qui apparaît sur l'image est mort, il vous sourit mais ne vous parle pas, il appartient au monde de mon père et de la nuit, une plage nordique sous la neige, un point, un oiseau.

La photographie résume tous les fantômes, elle ouvre à nos yeux aveugles le paysage des morts. Quand la photographie fut inventée, nous découvrîmes que nos proches resteraient toujours à nos côtés, sur les murs de l'enfance, sur les tables de nuit, protégés par des sous-verre. Ce jour, on découvrit sa propre trace : une image. Le portrait, c'est une image. Le pas d'un oiseau, c'est une trace, c'est un langage, c'est l'oiseau sous la forme de l'être aimé. C'est comme si vous disiez, sur cette photographie sourit un fantôme qui a cent ans aujourd'hui, ou cinquante ans, comme si ce personnage vous apprivoisait ; si vous tombez dans la photographie vous basculez dans le monde semblable au vôtre, mais passé. Inexistant. La photographie, c'est ce qui n'advient plus. Ce n'est pas l'essentiel qu'elle reproduise ce qu'on voit, on ne voit rien. L'essentiel, c'est sa présence.

Un jour l'âme de mon père s'est échappée de son corps et j'étais témoin. Je me tenais devant le lit avec ma mère. Je garde le souvenir de cet instant jusque dans ce moment où j'accompagnai mon père au cimetière, observai la cavité puis la descente du cercueil, les cordes qui glissent le long du bois, les poignées de terre jetées, je réalisai : le corps de mon père était sa prison.

Adulte, j'ai pensé : tu crois avoir parlé de la mort de ton père, mais tu ne l'as jamais fait.

Ce corps, que j'ai vu au tombeau, j'ai donc tenté, trente et une années plus tard, de le décrire : il faut des mots pour dire, il faut des morts. Il y avait trop de morts. J'ai rayé des mots, puis m'est venu, dans le corps du texte, de rayer des phrases. J'ai perçu le vide entre les phrases : j'ai gommé, j'ai supprimé. J'ai considéré que les choses seraient plus épaisses, et plus compréhensibles, si je les livrais avec moins de mots.

Derrière ces couvertures littéraires, qui cachaient le corps, est apparu le linceul, avec lui le corps. S'est alors imposée la nécessité de la description. J'ai pensé : au-delà du nécessaire, se produit une scène qui n'existera jamais, si tu ne la décris pas. Tu dois donc raconter une histoire, quelqu'un, quelque chose : ton père.

Mesurer la longueur de son bras, le fabriquer dans sa lumière, apercevoir la main, regarder le monde, sentir son propre corps en difficulté, revivre un à un les symptômes de la maladie, qui sont des réactions verbales, entendre donc la voix, entendre des voix, passer son doigt sur les lèvres de son père mort, franchir le seuil qui vous sépare de la réalité, rendre la vie supportable.

Il est un temps de la description, qui permet de regarder la mort en face. J'ai en tête le *Christ mort* d'Holbein, dans la salle d'un musée à Bâle, j'ai dans les yeux le corps du Christ, millimètre par millimètre carré, son gabarit, sa présence dans le cadre, aux limites extrêmes de ce cadre. J'ai en tête la volonté du regard, l'agissement de la mort qui détruit les tissus, et cette attention d'Holbein à désigner. Par exemple les traces de la décomposition. J'ai dans la tête le regard de mon père – il devint comme un animal, à qui ma mère donnait à manger, sous mes yeux. J'ai toujours en tête ce corps étendu à Bâle.

Le corps enferme l'âme, celle-ci habite dans l'air, dans la cage thoracique. Le roman ouvre la cage.

En retirant les mots un à un, comme dans une dissection, sans hâter la perte du sens, au contraire, je laissai apparaître la déchirure, qui fut une clarté. J'acceptais la destruction du mot et je pensais qu'une mère, quand elle reconnaît son fils mort, est capable de le regarder, commence et finit son travail de deuil. J'acceptai ces pages blanches, je refusai le vide en moi, je refusai ma mère, je refusai le bien, ces grands panneaux de ciel, les âmes qui flottent et l'âme de mon père, l'âme de ma sœur, un jour l'esprit de ma mère et mon corps un autre jour.

Décrire est un projet étrange, qui vous conduit par des cheminements vers l'image. Écrire raconte et vous raconte. Je suis raconté dans ce que je décris, je suis en deuil dans mes images. La page est un suaire, le corps de mon père un symbole, mon corps le symptôme de mon père, et moi la conséquence de ce symptôme.

En libérant cette image de mon père, qui me regarde dans la nuit, dans le temps de la nuit où je dors quelques heures, heureux au matin de découvrir la neige, le drap, le froid, j'ai vu quelque chose qu'il ne m'a pas donné et qui se révèle : l'intelligence de la lumière, qui est l'intelligence du texte.

Depuis cette heure, je m'enfonce dans le corps de l'homme d'Holbein, réfléchis à la nature des mots, ne me demande plus qui ils imitent, s'ils imitent la nature ou s'ils sont produits par la convention. Je ne demande plus si ce bruit que j'entends encore à l'intérieur du corps recréé de mon père, est le bruit du monde, je n'ai plus à me demander si le reflet des choses, c'est les choses, j'ai trop appris de la terreur. Mes souvenirs sont des cauchemars aux mains gantées et fines, des fantômes, des femmes, des petites filles, des sœurs, ce souffle pris à la bougie de la mort dans la chambre de mon père.

Il n'y a pas de roman. Mais une façon d'écrire. Je n'assigne à cette façon d'écrire aucune qualité sinon celle de la transparence. Cette transparence sépare deux mondes, intérieur et extérieur. L'intérieur du récit est la somme du monde, son extérieur, c'est le monde. Le roman est un miroir que tu traverses quand les objets que tu désignes ne changent pas de nom. J'écris quand je sais. Quand je dis : il est possible d'agir. La vitre devant le texte est à ce point sans reflet.

Dire l'image, du corps, du tombeau, c'est la décrire, par le menu, et c'est l'accepter, c'est franchir la porte du deuil, c'est se confronter avec des armes aux tendances de la mort, c'est désigner la mort, c'est dire : je sais comment tu t'appelles, je sais qui je suis maintenant, car je sais qui tu es.